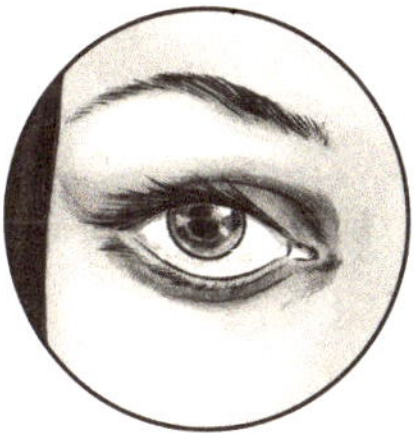

(k)

Épisode

6

Au sud de mon ventre

Sophie Bienvenu

Illustrations de
Salgood Sam

la courte échelle

Ça y est. J'ai tout gâché. Émilie ne me parle plus, et j'ai insulté Kevin.
TOUT EST TRISTE ET LAID.
HEUREUSEMENT QUE TANIA A PRIS LE RELAIS POUR ME SORTIR DE CETTE SITUATION.
C'est moi qui vais venir chez toi si t'es pas à l'aise chez moi. Ce soir ?
Euh... O.K.

PARFOIS, DANS LA VIE, IL FAUT FAIRE DES CHOIX DÉCHIRANTS.
À ce soir!
Je vois que tu as encore des choses plus intéressantes à faire...
CE SOIR-LÀ, KEVIN ET MOI, NOUS NOUS SOMMES BEAUCOUP RAPPROCHÉS.
Je vais pas te raconter ma vie, là.
Pourquoi pas?
DU MOINS, JE PENSE...
Salgood Sam 09

23:29 – Kay dit :
Hey.

23:29 – A.n.i.t.a. dit :
Hey ! :)

23:29 – Kay dit :
C'était cool de te parler.

23:29 – Kay dit :
T'es pas si pire, finalement. ;)

23:29 – A.n.i.t.a. dit :
Euh... Merci ? lol

23:30 – Kay dit :
Je dois y aller, bye !

Kay s'est déconnecté(e)

Dernier message reçu le lundi 20 octobre à 23:30

Quand je suis revenue de chez Kevin, encore troublée par le délabrement de l'endroit et par les révélations qu'il m'avait faites, je suis descendue pour me chercher un verre de lait et des biscuits (je sais, ça devient vraiment une habitude). Mes parents lisaient tous les deux dans le salon, la tête de mon père confortablement calée sur les cuisses de ma mère. Je les ai rejoints et me suis glissée entre eux deux. « Pas moyen d'être tranquilles ! » a râlé mon père pour la forme en me serrant contre lui.

J'ai eu envie de leur dire que je les aime, de les remercier de m'aimer aussi, et de leur faire part de ma reconnaissance d'avoir un lavabo de salle de bain qui fonctionne, une chambre de taille raisonnable pour une chambre, et MusiquePlus... J'aurais voulu leur demander s'ils savaient, eux, que tout le monde n'a pas cette chance, écouter leurs conseils et, peut-être, leur sauter au cou lorsqu'ils me proposeraient d'inviter Kevin et Matthias à habiter à la maison.

Ma mère me flattait les cheveux, et mon père était juste là, comme toujours, rassurant, réconfortant. J'ai bougé un peu la tête pour que les caresses de maman s'orientent plus vers la droite. Kevin et Matthias seraient bien à la maison avec nous, ai-je pensé ; il y a assez de place.

– Je vais à la cuisine, je reviens. Bougez pas, a dit papa.

– Tu me rapportes du lait, s'il te plaît ?

– O.K., Princesse.

On pourrait faire de la chambre d'amis un bel endroit pour Matthias, et Kevin... Vous m'avez comprise. Toutefois, si je décide de présenter mon plan à mes parents, j'ai bien peur de devoir trouver un autre truc que « Kevin pourrait dormir avec moi ». Mais nous n'en sommes pas là : chaque chose en son temps. J'ai décidé de commencer petit pour prendre de l'expansion par la suite.

Mon père est revenu avec mon lait et s'est greffé à nouveau au câlin familial.

– Wow ! Tous les trois, comme quand t'étais petite... Ça fait longtemps que ça n'était pas arrivé...

Nous souriions tous.

– Dites... que j'ai tenté le plus innocemment du monde. Est-ce qu'on pourrait avoir un chat ?

(K)

23:30 – Kay dit :
T'es là ?

23:30 – Tania dit :
Oui. :)

23:30 – Kay dit :
J'aimerais ça, te voir en vrai, là.

23:31 – Tania dit :
Bientôt, promis. Tu veux parler un peu ?

23:31 – Kay dit :
J'ai pas envie de parler.

23:31 – Kay dit :
Bonne nuit !

23:31 – Kay dit :
(k)

Kay s'est déconnecté(e)

Dernier message reçu le lundi 20 octobre à 23:31

Évidemment, ELLE, Kevin veut la voir « en vrai ». Moi, il me voit « en vrai » tous les jours, et il ne fait pas plus attention à moi qu'à une famille de pigeons. Mais, quand il s'agit de Tania, là, c'est autre chose...

Il doit certainement la trouver plus jolie, et plus intéressante, et plus drôle, et plus tout...

Ça fait un point pour elle.

J'ai seulement commencé à compter les points aujourd'hui. Une chance, sinon le score serait de quatre cent vingt-sept à moins huit mille. C'est elle qui gagne, évidemment.

Au moins, Kevin peut dire que je suis digne de confiance : ça fait quatre jours, presque une semaine, que je tiens !

Presque une semaine à ne parler de ses affaires à personne. À personne, là ! Même pas à Johnny Johnny ! Mais, ce soir, je travaille au dépanneur avec Mehdi. Je ne sais pas comment je vais faire pour résister. C'est bien beau, être digne de confiance ; seulement, au bout d'un moment, garder des secrets, c'est mauvais pour la santé. Je vous jure !

Il faudra bien que je finisse par raconter à quelqu'un ce que Kevin m'a révélé. Il ne m'a pas demandé de ne pas le répéter et, même si c'était peut-être implicite, Mehdi ne compte pas vraiment. Ils sont amis, et ce n'est pas comme si Mehdi était du genre à aller colporter des ragots. Et puis, peut-être qu'il sait des choses que Kevin ne m'a pas dites...

De toute façon, qui est assez naïf pour confier quelque chose dans le genre à une fille en espérant que cette fille (surtout lorsqu'il s'agit de moi) gardera ça pour elle ?

Alors que mon ami est en train d'arranger les caisses de bière au fond du magasin, je vais le rejoindre et je lui demande innocemment :

– Tu sais où j'ai passé la soirée, lundi ?

– Non. Chez Émilie ? me répond-il avec un intérêt non feint.

– Chez Kevin ! Et tu sais quoi ?

– Vous avez frenché ?

– On a parlé !

– Noooon ! s'exclame-t-il en écarquillant les yeux.

– Oui. Tu veux que je te raconte ?

– Attends, je vais me chercher un paquet de chips. Barbecue ou sel et vinaigre ?

– Original.

– T'es plate.

Mehdi revient avec trois paquets de *peanuts*, deux litres de Coke et une Bounty. Parfois, je me demande comment ça se fait qu'il ne pèse pas cinq cents livres. Il s'assoit sur un tas de caisses aménagé en un siège confortable.

– Vas-y, je t'écoute.

– Alors... Kevin n'a jamais connu son père. Sa mère l'a eu super-jeune, genre à dix-sept ans. Quelques années plus tard, elle a rencontré le père de Matthias...

– ... Sylvain.

– Oui ! Comment tu sais ? que je lui demande, désappointée.

– Je suis allé chez eux une couple de fois, dans le temps. Il était cool, Sylvain.

– Tu connais toute l'histoire, alors ?

– Ben... « toute » l'histoire, je sais pas, là...

– Tu sais pour son cancer, à Sylvain ?

– Oui ; il est mort l'année passée. C'est vraiment plate que Kevin et Matthias soient pognés pour rester avec leur mère, Nancy. Elle est encore plus folle que mon père !

– Mais ils n'ont pas le choix ! Avant de mourir, Sylvain a partagé son argent entre ses deux garçons, même si Kevin n'était pas son vrai fils. C'était vraiment gentil de sa part. Mais Kevin ne peut pas avoir la garde de son petit frère tant qu'il n'a pas fini ses études. Pourtant, c'est lui qui s'en occupe tout le temps, et il est pris avec les responsabilités et tout... C'est dur pour lui.

– Ça devait être pour se racheter d'avoir laissé Kevin avec sa mère folle, après le divorce, que Sylvain l'a inclus dans son testament.

– Ah, mais tu sais pas ! Il voulait, lui, avoir la garde de Kevin. Sauf que, comme il l'avait pas adopté pour vrai, Nancy a refusé, juste pour l'écœurer, et elle a même porté plainte pour qu'il n'approche plus de son fils. Sylvain et Kevin devaient se voir en cachette, et tout.

– Non ?

– Oui !

– Eh ben ! Tu m'en apprends, déclare Mehdi, abasourdi.

– Tu dis pas que je t'ai tout raconté, hein ?

Je chasse ma culpabilité du revers de la main : je ne pouvais décemment pas garder ça pour moi, c'était trop. J'ai aussi envie d'en parler à Émilie, mais bon, nous resterons en chicane jusqu'à ce qu'une de nous se décide à faire un pas vers l'autre.

Et puis, de toute façon, elle ne comprendrait pas.

(K)

21:32 – Emxx dit :
Est-ce qu'on peut se voir demain soir ?

21:32 – A.n.i.t.a. dit :
Oui ! ! ! :)

21:32 – A.n.i.t.a. dit :
Je suis tellement contente, je m'ennuie de toi !

21:33 – Emxx dit :
Moi aussi...

21:33 – A.n.i.t.a. dit :
Veux-tu venir souper à la maison ?

21:33 – Emxx dit :
O.K. À demain, alors.

Dernier message reçu le lundi 27 octobre à 21:33

Émilie sort avec Jonathan.

Je sais, ça m'a fait bizarre à moi aussi quand elle me l'a avoué, sur le ton de la confession, après le souper. Ce n'est pas que je trouve ça si grave... Enfin, ça pourrait être pire.

Lorsqu'elle m'a appris qu'il fallait qu'elle me parle, qu'elle avait quelque chose d'important à me confier et que j'allais certainement être très fâchée contre elle, j'ai paniqué en pensant à mon chandail bleu préféré, que je lui ai prêté avant l'été. Elle me l'a bousillé, me suis-je dit, et je ne le reverrai jamais.

Mais non, c'est juste Jonathan.

Joie.

Vous sentez l'ironie ?

Ce n'est pas que je m'ennuie de Jonathan, au contraire ! Mais je ne peux pas dire que j'aime l'idée de les savoir ensemble. Ça ne me donne pas non plus envie de les écorcher vifs ni de noyer leurs animaux de compagnie respectifs ; j'envisage, tout simplement, le crevage de pneus. Que voulez-vous, c'est comme ça que nous réglons nos différends, dans ma famille.

– Tu fais une drôle de tête, remarque Émilie après être passée aux aveux. Je pensais que c'était correct, vu que c'est toi qui l'as laissé et tout...

Je regarde ma drôle de tête dans le miroir. Je ne

sais pas trop quoi dire. Quelles sont les politesses d'usage quand votre meilleure amie vous annonce qu'elle sort avec votre ex ?

Émilie et Jonathan, que je me répète intérieurement. Émilie et Jonathan qui se tiennent par la main, Émilie et Jonathan qui frenchent, Émilie et Jonathan qui font l'amour... D'ailleurs, je n'ose pas demander à Émilie s'ils ont déjà fait l'amour. D'un coup qu'elle me répondrait oui...

Je suis sûre que oui.

C'est nul !

En continuant de fixer mon drôle d'air dans le miroir, je m'aperçois que, quand je suis sérieuse, j'ai une petite ride entre les sourcils, la même que ma mère. Drôle de moment pour me rendre compte de ça ! C'est comme à l'enterrement de ma grand-mère, quand j'ai été obnubilée toute la cérémonie par mes pouces vraiment pas symétriques. Pour ma défense, il faut dire que je ne la connaissais pas tant que ça...

Émilie continue de parler, mais je ne sais pas trop ce qu'elle dit. Elle doit certainement me raconter les circonstances de leur premier baiser. « C'était pas prémédité, c'est arrivé comme ça, par hasard, on l'a pas vu venir... (blablabla)... » Ben oui, t'sais ! Moi aussi, ça m'arrive tout le temps de frencher du monde sans faire exprès ! Encore l'autre jour, dans la rue, je me suis enfargée dans rien du tout et j'ai atterri sur les lèvres du petit vieux qui vient d'emménager en face de chez moi. Comme quoi, dans la vie, il y en a qui ont moins de chance que d'autres ! Émilie glisse et embrasse mon ex (qui est tout de même relativement *cute*), et moi, je me ramasse dans les bras de M. Savard, le bossu qui remonte son pantalon jusque sous ses bras.

Bien sûr, c'est juste dans ma tête, mais quand même...

Alors qu'Émilie, qui a l'air tellement malheureuse que je la prendrais presque en pitié, poursuit son monologue, j'allume sur un fait qui m'avait échappé jusqu'ici.

M. Savard (que je n'ai PAS frenché sans faire exprès, parce que ça n'arrive JAMAIS de frencher quelqu'un sans faire exprès) a le même nom de famille que Kevin.

Peut-être qu'il existe un lien entre eux. Peut-être qu'ils sont la même personne. Peut-être que c'est une histoire de voyage dans le temps. Maintenant que j'y pense, c'est vrai qu'ils ont un petit air de famille. Si on rajoute quelque chose comme cent cinquante ans à Kevin, qu'on lui remonte le pantalon jusqu'aux aisselles et qu'on remplace son parfum envoûtant par une odeur de vieille armoire moisie, ils se ressemblent à s'y méprendre ! Presque.

Clac. Action !

Tel un zombie, je traverse la rue jusqu'à la

porte de M. Savard. Lorsque je sonne, je le vois se lever péniblement de son *lazy-boy* pour venir m'ouvrir. Il n'a pas l'air vraiment étonné de me voir. Il faut dire que je suis allée sonner chez lui au moins trois fois dimanche dernier pour récupérer mon frisbee dans son jardin. Sans lui laisser l'occasion de placer un mot, je soulève la manche de son chandail en criant :

– Je sais TOUT !

Il tente de résister, mais c'est peine perdue : son tatouage est dévoilé.

– Tu pensais vraiment que t'allais pouvoir me berner ? En gardant le même nom de famille, en plus ? Tu m'as prise pour plus bête que je ne le suis (je ponctue cette dernière phrase d'un tapotement de l'index sur ma tempe)... KEVIN !

Après avoir vainement essayé de se défiler, le vieil homme s'avoue vaincu :

– Eh bien, puisque tu as découvert le pot aux roses, il ne me sert à rien de continuer à me cacher. Je vais tout te raconter. Entre !

Avide de savoir, je brave l'odeur de vieux cercueil qui règne dans la maison et le suis jusqu'au salon. M. Savard se rassoit dans son fauteuil (trop longtemps debout, il risquerait de casser), alors que je m'agenouille à ses pieds. Il m'explique :

– Quel jour sommes-nous aujourd'hui ? Le 28 octobre, c'est vrai. J'oublie tout, c'est l'âge... Il y a des choses qui sont difficiles à oublier, mais d'autres... Enfin. Tu sais, l'histoire que je m'apprête à te raconter est impossible à croire. Je viens du futur. Après ta mort...

– Ma mort ?

– Oui, ta mort. Mais je devrais commencer par le début. Nous étions très amoureux à une époque, toi et moi...

On vient de m'annoncer mon futur décès, mais je souris jusqu'aux oreilles : il faut savoir reconnaître ses priorités.

– Quand tu es morte sous mes yeux, renversée par une voiture, la folie s'est emparée de moi. Quelques jours, quelques semaines ou quelques mois plus tard – j'avais perdu la notion du temps –, ayant touché le fond, j'ai conclu un pacte avec le diable...

Voilà un truc à faire verdir Émilie d'envie ! Un gars accablé de tristesse a signé un pacte avec le diable pour moi... Elle ne pourrait pas en dire autant. Les yeux humides du vieillard se posent affectueusement sur moi. Il met sa main sur la mienne.

– Je lui ai demandé de te ramener à n'importe quel prix, mais il a refusé. J'ai vécu une vie de misère ; je ne me suis jamais habitué à ton absence et te suis resté fidèle.

Me voilà soulagée. Je l'imaginais déjà me dire qu'après ma mort il avait fini par sortir avec Émilie.

– Le diable m'est apparu une seconde fois, au terme d'une longue vie passée sans toi. En échange de mon âme, il m'a proposé de me renvoyer dans le temps, pour que je puisse te revoir avant de mourir. Voilà. Tu sais tout.

Clac. Coupez !

De toutes les histoires que j'ai inventées, celle-là est de loin la plus abracadabrante. Et la seule depuis longtemps qui ne se termine pas par Kevin et moi faisant l'amour. Une chance ! J'ai beau l'aimer, je n'ai pas l'intention d'imaginer ma première fois avec un rescapé du foyer d'aînés !

– Tu m'écoutes pas, m'accuse Émilie. T'écoutes jamais ! T'as la même capacité de concentration que Johnny Johnny...

C'est un fait. Je souris.

Mais ce n'est pas tous les jours que le gars de mes rêves consacre sa vie entière à pleurer ma disparition et qu'il vend son âme pour m'apercevoir une dernière fois. Un peu d'indulgence, Émilie !

– Non, c'est vrai, j'écoutais pas, j'étais dans la lune, que j'avoue, évasive. Mais recommence. Ce coup-ci, PROMIS, je vais être attentive.

Mon amie (mettons) soupire et reprend sa plaidoirie du début.

Clac. Action !

Tel un zombie, je traverse la rue jusqu'à la porte de M. Savard. Lorsque je sonne, j'aperçois Kevin, jeune, beau, merveilleux, se lever agilement de son *lazy-boy* pour venir m'ouvrir...

Tant qu'à ne pas écouter ce qu'Émilie me dit, autant me perdre dans des pensées agréables !

(K)

22:45 – Emxx dit :

Tu vas me pardonner, tu penses ?

22:46 – A.n.i.t.a. dit :

Mais oui !

22:46 – Emxx dit :

Je suis contente qu'on ait parlé.

22:46 – A.n.i.t.a. dit :

Moi aussi.

Dernier message reçu le mardi 28 octobre à 22:46

Pas que ça m'obsède (d'accord, peut-être un peu), mais j'aimerais revenir sur Émilie et Jonathan. Ça ne devrait pas me déranger tant que ça, qu'ils sortent ensemble : après tout, elle et moi avons toujours tout partagé. Je lui prête mes chandails, elle, ses sandales, et, bien souvent, nous finissons par avoir du mal à savoir ce qui est à qui.

Et c'est bien ça, le problème...

Jonathan, c'est MON ex, mais c'est aussi SON *chum,* alors à qui appartient-il le plus ?

Je vous entends d'ici : « Mais c'est toi qui l'as laissé ! »

D'accord. Je comprends votre point de vue.

Mettons.

Mais que faites-vous de cette longue année que j'ai passée avec lui ? Est-ce qu'il faut que je prétende que ça n'a jamais existé sous prétexte que c'est moi qui ai voulu mettre fin à notre relation ?

Il est encore UN PEU à moi, non ?

En plus de tout ça, je ne peux pas m'empêcher de penser à Mehdi. Il risque de s'effondrer quand je vais lui apprendre la nouvelle. Peut-être que je pourrais lui cacher la vérité ? Mentir par omission ? Peut-être qu'il ne me demandera pas de nouvelles d'Émilie quand nous nous verrons au dépanneur ? Il y a fort peu de chances, mais croisons les doigts.

Mardi soir, après m'avoir expliqué les circonstances de sa trahison sans que je l'écoute vraiment, Émilie m'a demandé ce qui se passait entre Kevin et moi. Est-ce si évident qu'il se passe quelque chose? Moi qui suis pourtant si discrète!

Je lui ai plus ou moins résumé la situation en occultant la partie « Tania » et, évidemment, tout ce qu'il m'a appris sur sa famille et son passé.

Elle pense que je devrais lui sauter dessus.

– C'est CLAIR qu'il s'intéresse à toi! m'a-t-elle répété en boucle. Demain, à l'école, tu l'attires dans les toilettes, genre « je veux te montrer de quoi », et tu le frenches. De force!

Si c'est pour me donner les mêmes conseils pourris que mon frère...

Est-ce qu'Émilie et moi sommes redevenues les meilleures amies du monde?

J'aimerais pouvoir dire que oui.

J'aimerais penser que rien n'a changé.

Mais si l'opération de sauvetage a réussi, la cicatrice fait encore mal. J'ai prévu d'ignorer la douleur jusqu'à ce qu'elle arrête. Et si elle n'arrête pas... j'ignorerai ça aussi.

Depuis que je suis allée chez lui, je n'ai eu aucun contact avec Kevin, juste quelques signes de tête à la signification obscure: « Bonjour? T'es *cute* avec ton nouveau blouson ? Tu traînes une guirlande de papier de toilette accrochée à tes jeans ? »

Ai-je rêvé le rapprochement de la semaine dernière ?

Si ça se trouve, oui. Ce serait bien mon genre.

Après avoir compris que je ne mettrais pas à exécution son plan je-le-frenche-de-force-dans-les-toilettes, Émilie m'a conseillé de l'ignorer jusqu'à ce que ce soit lui qui me parle à nouveau. J'espère que ça arrivera avant que je sois rendue dans un foyer d'aînés.

J'espère que ça arrivera demain.

(K)

20:17 – Emxx dit:
Tu te déguises en quoi, demain soir, au party de Sam?

20:17 – A.n.i.t.a. dit:
Je sais tellement pas! Je pourrais me patenter un costume de Lydia Deetz, au pire...

20:17 – Emxx dit:
Qui?

20:17 – A.n.i.t.a. dit:
La fille dans *Beetlejuice,* là. Et toi?

20:18 – Emxx dit:
Toi pis tes références pas rapport! :P

20:18 – Emxx dit:
Moi, en *cow-girl,* je pense.

20:18 – A.n.i.t.a. dit:
Cool.

20:19 – A.n.i.t.a. dit:
J'ai hâte! Je travaille, demain soir, mais je viens directement après.

20:19 – Emxx dit:
O.K. Bisous!

A.n.i.t.a. s'est déconnecté(e)

Dernier message reçu le jeudi 30 octobre à 20:19

Nous sommes vendredi soir, et Kevin et moi n'avons eu aucun contact depuis que je suis allée chez lui (excepté les fameux signes de tête obscurs). C'est bien beau d'attendre que Monsieur se décide, mais je suis une femme d'action, et ma patience a des limites. J'ai, bien sûr, plus ou moins huit mille plans au cas où il serait au party de Sam, mais pas un n'est de près ou de loin réalisable. L'improvisation, il n'y a que ça de vrai, paraît-il...

Exceptionnellement, j'étais censée finir de travailler à vingt et une heures, mais je ne pouvais pas laisser Mehdi seul avec sa peine de cœur. (Je vous l'ai déjà dit, je ferais une très mauvaise espionne. J'ai craché le morceau au premier regard de chien battu!)

Je suis vraiment triste pour lui. Il avait moins de chances avec Émilie que moi avec Guillaume Lemay-Thivierge (autant, mettons), mais il espérait pareil. S'il est vrai que l'espoir fait vivre, je pense que Mehdi en a cultivé assez pour se réincarner trois ou quatre fois. J'ai essayé de lui faire comprendre qu'ils n'avaient rien en commun, Émilie et lui; que si, METTONS, dans un monde imaginaire, en offrant son âme ainsi que celle de tous ses descendants au diable, il avait fini par sortir avec elle, elle lui aurait brisé le cœur. Au terme d'un éloquent monologue (un peu poussé) sur le fait qu'il mérite une fille consciente de sa chance d'être avec un gars super-cool comme lui, j'ai conclu magistralement que, en définitive, c'était la meilleure chose qui pouvait lui arriver qu'Émilie et Jonathan sortent ensemble.

– Je sais que tu dis ça pour me réconforter, a répondu mon ami. C'est gentil, mais ça marche pas. Tu peux aller à ton party, j'ai envie d'être tout seul, un peu.

– T'es sûr ?

– Non.

Nous sommes restés en silence, assis l'un à côté de l'autre, parfois dérangés par des clients qui s'inquiétaient de sa mine basse, lui qui est d'ordinaire si jovial. Je ne savais pas quoi faire, alors je ne faisais rien. Parfois, il suffit d'être. Être amie, être là... Être en retard au party de Sam.

J'arrive au party d'Halloween autour de onze heures, pour repartir quarante-cinq minutes plus tard, le couvre-feu étant à minuit. J'appréhendais la présence de Jonathan, mais il a eu la décence de se faire clouer au lit par un aliment avarié. Émilie et moi avons essayé de parler de tout et de rien. Réussite partielle : nous n'avons parlé de rien.

De toute façon, les soirées de Sam sont toujours poches.

En plus, me dis-je en remettant mon manteau, Kevin n'est jamais apparu. J'ai pourtant prononcé son nom trois fois de suite. À croire que ça ne fonctionne qu'avec Beetlejuice...

Dehors, l'air est glacial. Je remonte mon col pour protéger mon visage du froid et je cherche mon iPod dans mon sac.

– Heille, Princesse !

Un jour, je vous jure, mon cœur va exploser à cause d'un de ses « Heille, Princesse ! ». Kevin est assis sur le muret devant la maison, son iPod sur les oreilles, évidemment pas déguisé. Encore une chose pour laquelle il doit se juger trop cool. Je me sens soudain niaiseuse avec mes guenilles noires et mon maquillage « Scarlett Johansson rencontre le Joker, et ils croisent Kiss en chemin ».

– Heille, que je lui répète timidement.

– C'tu le fun en dedans ?

– Bwof...

– Tu te pousses déjà ?

– Ouais... mon carosse est à la veille de se transformer en citrouille.

Il rit. Ça doit être la première *joke* que je fais qu'il trouve drôle. Il ajoute même :

– Au moins, t'as tes deux souliers. Hé ! hé !

Je souris. J'aimerais lui dire que j'ai déjà trouvé mon prince charmant. Quétaine à mort ! Tania ne serait pas fière de moi.

Kevin jette sa cigarette et recrache la fumée en l'air.

– C't'une bonne toune, dit-il en me tendant un de ses écouteurs. Tu veux l'entendre ?

– Ouais.

Aux premières notes, je reconnais *Use Somebody* de Kings of Leon, la chanson que Tania et moi lui avons dédiée la semaine passée. Il l'aime. C'est au moins ça. Dans notre « couple à trois », on peut dire que l'information circule. De moi à Tania, d'elle à Kevin, et de lui à moi.

Nous sommes tous les deux debout, réunis par le fil des fragiles écouteurs blancs, et aucun bisou virtuel ne vaut ça. Bien fait pour toi, Tania !

Alors que la dernière note résonne, il marmonne :

– Elle me fait penser à toi, un peu.

– Ah oui ? Pourquoi ?

– Je sais pas... pour rien.

Réponse typique *made in* Kevin.

La voix d'Émilie me hante : « Frenche-le de force ! »

C'est bien beau, mais je ne sais pas comment m'y prendre. Il est beaucoup trop grand ; il faudrait que je saute ou que je me mette sur la pointe des pieds. Sauf que, si je saute, je risque de l'assommer d'un coup de tête ; et si je me mets sur la pointe des pieds, je ne serai pas stable, et je risque de lui tomber dessus et de lui fendre la lèvre. Ou de rater sa bouche, ce qui serait pire.

Je vais plutôt essayer de lui tendre une perche pour que lui m'embrasse de force, d'un baiser à enflammer les suds. Ou pas.

Mon cœur bat vite et fort à plein d'endroits différents. Dans ma poitrine (où c'est supposé), dans mes lèvres (comme quand ça dégèle après une visite chez le dentiste), dans mes doigts (comme quand je les ai coincés dans une porte), dans mon ventre (comme avant un examen important) et au sud de mon ventre (comme jamais avant). Je me demande si ça s'entend, tous ces battements, ou bien si ça paraît... J'ai lu quelque part que, quand une fille est dans cet état-là, ses pupilles se dilatent, ses joues rosissent... Une chance que j'ai le visage tout peinturé en blanc, sinon je serais démasquée ! Kevin est parfaitement inconscient de la minirévolution qui se trame dans mon corps et dans ma tête.

J'essaie de reprendre mes esprits et de penser à autre chose qu'à notre proximité, mais essayez de dire à un aimant de ne pas aller se coller à un autre aimant. Pour tromper l'ennemi (mon cœur qui fait des siennes), j'essaie de reprendre la conversation :

– C'était cool, l'autre soir. Il faudrait qu'on se revoie bientôt, pour le travail de français...

– Ouais. Je vais marcher avec toi jusqu'au coin de la rue, s'tu veux.

– O.K.

Seulement dix pas plus tard, nous sommes au coin de la rue. Merde ! Je suis sûre qu'il doit y en avoir un pareil à celui-ci à Katmandou ou à Buenos Aires ; on aurait pu marcher jusque là-bas...

Mais c'est ici, déjà, que nos chemins se séparent. Et, si ça se trouve, lundi, il se remettra à m'ignorer.

Je m'apprête à traverser la rue, les mains replongées dans mon sac, cherchant frénétiquement mon iPod pour écouter la chanson que je suis maintenant en droit d'appeler « notre » chanson. Je tourne la tête pour lui adresser un dernier sourire. Il m'attire brusquement vers lui. Je n'ai même pas le temps d'espérer que son geste est causé par un trop-plein de passion qu'une voiture passe à un cheveu de me faucher.

Il ne voulait pas me frencher, il m'a juste sauvé la vie. Remerde !

Si ça se trouve, c'est le vieux Kevin du futur qui a prévenu le jeune Kevin de maintenant de ma mort imminente, et c'est pour ça qu'il m'attendait à la sortie de chez Sam. Ou alors Kevin-Vieux a fucké l'espace-temps en voyageant dans le passé et ça a empêché ma mort, ou quelque chose comme ça. Peut-être que quelqu'un essaie de m'éliminer, parce que j'ai deviné toute cette histoire de voyage dans le temps.

O.K., j'ai beaucoup trop d'imagination !

Inquiet de mon inaptitude à traverser la rue sans mettre ma vie en danger, Kevin se moque :

– Je serais p'têt mieux de t'accompagner jusque chez toi, pis d'aller te border !

– Pffff... C'est bon, rêve pas, j'ai pas besoin de toi !

Je devrais donner le cours « Comment dire le contraire de ce qu'on pense 101 ». Je n'ai pas le temps de bafouiller quelque chose pour tenter de me rattraper qu'il me répond en souriant qu'il le sait. Il tourne les talons et, sans me regarder, m'adresse un dernier « Bye, Princesse ! »

À la maison, mon père, qui fait semblant de ne pas m'attendre devant la télévision, me précise qu'il est minuit et demi.

– Mon carrosse s'est transformé en citrouille et j'ai dû rentrer à pied, lui dis-je en embarquant, pour me faire pardonner, sur le mode extra-*cute* qui a fait ses preuves.

– Hum !

– Papa...

– Oui ?

– Si tu sauves la vie d'une fille, ça veut dire que tu l'aimes, ou pas ?

– Bien, ça dépend... Sauver la vie, genre « sortir d'un building en flammes », ou sauver la vie, genre

« aller chercher du jus d'orange un dimanche matin pas mal tôt parce que mademoiselle en a envie » ?

– Le premier.

– Ah ! Alors non, ça, non. La vraie preuve d'amour, c'est le jus d'orange.

– N'importe quoi ! que je constate, amusée. Et si tu dis à une fille qu'une chanson te fait penser à elle, ça veut dire que tu l'aimes, ou pas ?

– Bien, ça dépend... Quelle chanson ?

– Tu connais pas, que je réponds, un brin condescendante.

– Ah ! Alors non, ça, non. La vraie preuve d'amour, c'est une chanson que je connais.

Et il rit.

– Allez, va te coucher, Princesse !

Allongée dans mon lit, j'écoute la chanson en boucle. « Tu sais, j'aurais besoin de quelqu'un comme toi... j'espère que tu vas remarquer quelqu'un comme moi », que ça dit. Et ça lui fait penser à moi.

Tania 1 – Anita 1.

On va en prolongation.

Yé !

(K)

13:56 – Tania dit:
(k)

13:56 – Kay dit:
:)

13:57 – Kay dit:
Allo!

13:57 – Tania dit:
Tu fais quoi?

13:57 – Kay dit:
Je m'en vais au *skatepark* avec mes *chums.*

13:57 – Tania dit:
O.K., amuse-toi bien! :)

13:57 – Kay dit:
Bye!

Kay s'est déconnecté(e)

Dernier message reçu le dimanche 2 novembre à 13:57

Je pourrais très bien m'arranger pour me retrouver dans les environs du *skatepark* d'ici quinze minutes. Nous nous croiserions PAR HASARD, et là...

Anita, téléphone ! me hurle ma mère depuis le bas de l'escalier.

Ce doit être Mehdi, pour la troisième fois de la journée, qui veut des précisions que je n'ai pas sur la relation entre Émilie et Jonathan.

C'est bizarre, Kevin est devenu plus distant avec Tania. Peut-être qu'il a rencontré une autre fille, avec qui il passe tout son temps. Qui serait-elle donc ? Mèches-Roses ? Elle n'est pas venue le chercher depuis AU MOINS quinze jours...

– Anita, téléphone !

Je suis harcelée de toutes parts. Je voudrais qu'on me laisse tranquille, au lieu de me tourmenter sans arrêt. Kevin en aime une autre, et voilà que je vais devoir écouter Mehdi se lamenter au téléphone au sujet de sa non-histoire avec Émilie.

Allons, bon ! Me concentrer sur les problèmes de mon ami m'empêchera peut-être de ressasser les miens.

– ANITA, TÉLÉPHONE !

J'espère que la discussion ne durera pas trop longtemps. Je ne voudrais pas rater Kevin au *skatepark*.

– Allo ?

– Anita ?

– Oui...

– C'est Kevin. Ça va?

Je manque de m'étouffer avec ma salive et, fidèle à moi-même, au lieu de répondre: « Oui, ça va, et toi? », j'improvise:

– T'es pas au *skatepark*?

Épaisse.

– Euh... non... pourquoi?

– Ah... euh... pour rien... je... Sam m'a dit que tu y serais peut-être.

Je croise les doigts pour qu'il gobe mon histoire ou au moins pour qu'il ne pose pas plus de questions.

– O.K. Tu fais quoi, là?

– Rien. Enfin, je... rien.

– Ça te tente-tu de passer?

– Chez toi?

– Ouin.

– O.K.

– Cool. Je t'attends.

C'est trop d'émotions. Beaucoup trop d'émotions.

J'ai besoin d'un sac en papier pour respirer dedans, comme ils font dans les films. J'ai besoin d'un respirateur artificiel ou d'un appareil pour faire diminuer mes battements cardiaques.

Une demi-heure plus tard, je suis en bas de chez Kevin.

– M'as-tu apporté du lait ? m'interroge Antoine.

– Non, je suis partie trop vite.

– Tu n'es pas très fiable. Flatte-moi, au moins.

Je m'accroupis pour accéder à sa demande. Il se couche sur le dos afin de me laisser libre accès à son ventre.

– Ça devient sérieux, toi et lui.

– Tu penses ?

– Certain. Pour que tu oublies de m'apporter du lait, il faut bien que ce soit sérieux.

Ce chat s'entendrait à merveille avec mon frère.

Cette fois, c'est Kevin qui m'ouvre la porte. Il m'informe que Matthias passe la journée chez un ami.

– Je dois aller le chercher à cinq heures. Fak... on a tout le temps. Tu viens ?

Il entre dans sa chambre.

Toujours dans le couloir, je fais une pause avant de le suivre. C'est de nouveau la canicule, au sud de mon ventre. Ça y est, cette fois. Ça va arriver. Bien sûr, j'avais espéré quelques baisers avant, peut-être quelques jours, voire quelques semaines de relation. Peut-être un « je t'aime » ou deux, mais bon... C'est Kevin, alors ce n'est pas pareil. Tout ça, nous l'avons fait dans ma tête, déjà. L'amour aussi, mais je sais seulement comment ça fonctionne de façon théorique et, dans mes rêves éveillés, nos ébats sont un peu trop flous à mon goût.

J'ai tellement envie de lui que ça me fait mal et que ça me démange partout.

Vraiment partout.

Lorsque j'entre dans sa chambre, je m'attends à ce qu'il me prenne dans ses bras et qu'il m'embrasse passionnément, qu'il me porte jusqu'à son lit et qu'il explore chaque centimètre de mon corps avec chaque centimètre du sien.

Lorsque j'entre dans sa chambre, il est assis en tailleur sur son lit, et une dizaine de livres sont étalés devant lui. Avec plus d'enthousiasme que je ne lui en ai jamais vu, il m'annonce :

– Je suis allé dans une bouquinerie, j'ai lu les résumés, en arrière, pis j'ai pris ceux qui me tentaient. Toi, tu les as tous lus, ceux-là ?

Et c'est à ce moment-là que le plafond, l'édifice, le monde entier et mes espoirs s'écroulent sur ma tête.

DANS LE PROCHAIN ÉPISODE

D'après Émilie, si un gars vous invite chez lui et qu'il n'essaie rien, c'est qu'il vous a rangée dans la catégorie « amie ». Il paraît qu'une fois placée dans cette catégorie, c'est quasiment impossible d'en sortir. Elle a peut-être raison... Et si je perdais vraiment mon temps, avec Kevin ? Si j'avais eu tort de laisser Jonathan ? Hum ! Peut-être que je me pose trop de questions.

EN VENTE PARTOUT
LE 31 AOÛT 2009

(k)

Sophie Bien

LA DISCUSSION DE L'HEURE :
Si tu avais à choisir une chanson pour déclarer ton amour, quelle serait-elle ?

epiz

LES SÉRIES | LES AUTEURS | CAPSULES

epizzod
.COM

Pavel
Une série de Matthieu Simard
Entre réalité et fantastique, Pavel parle d'amour, d'amitié et de liberté
Les Allergiks
Pavel 10
Pavel 11
DU DUCT TAPE SUR NOTRE AMOUR
Obtiens ton livre gratuit sur
epizzod.com !
epizzod

Sophie Bienvenu

Sophie Bienvenu est une fille, une jeune fille ou une femme, selon son humeur. Elle possède un chien, des draps roses et un sofa trop grand pour son appartement. Après avoir suivi une formation en communication visuelle dans une prestigieuse école parisienne, elle a décidé d'exercer tous les métiers possibles jusqu'à ce qu'elle trouve sa vocation. C'est en 2006, lors de la parution de *Lucie le chien,* que Sophie Bienvenu a décidé de devenir une auteure (idéalement célèbre et à succès) ou du moins d'écrire des histoires qui plaisent aux gens. Dans sa série *(k),* elle dépeint des jeunes évoluant sur fond d'amour, d'humour, de drame et de fantaisie.

Salgood Sam

Au début des années 1990, Salgood Sam fait de la bande dessinée et de l'animation tout en pratiquant d'autres formes d'art. Depuis l'an 2000, il se livre aussi à l'écriture, au « blogging » ainsi qu'au « podcasting ». Il a publié plus d'une trentaine de titres de bandes dessinées chez Marvel et DC Comics, et a été finaliste dans la catégorie « talent émergent » à l'occasion de la première édition des prix Doug Wright en 2005. En 2008, il a collaboré avec l'auteur et éditeur Jim Monroe à la publication du roman graphique *Therefore Repent.* En 2009, plusieurs de ses nouvelles paraîtront dans les anthologies *Comic Book Tattoo* et *Popgun 3*. La publication de *Revolver R* est également prévue pour octobre 2009. *(k)* est la première collaboration de Salgood Sam avec la courte échelle.

Les éditions de la courte échelle inc.
5243, boul. Saint-Laurent
Montréal (Québec) H2T 1S4
www.courteechelle.com

Direction littéraire : Julie-Jeanne Roy

Révision : Leïla Turki

Direction artistique : Jean-François Lejeune

Infographie : D.Sim.Al

Dépôt légal, 3e trimestre 2009
Bibliothèque nationale du Québec

La courte échelle reconnaît l'aide financière du gouvernement du Canada par l'entremise du Programme d'aide au développement de l'industrie de l'édition pour ses activités d'édition. La courte échelle est aussi inscrite au programme de subvention globale du Conseil des Arts du Canada et reçoit l'appui du gouvernement du Québec par l'intermédiaire de la SODEC.

La courte échelle bénéficie également du Programme de crédit d'impôt pour l'édition de livres – Gestion SODEC – du gouvernement du Québec.

Catalogage avant publication de Bibliothèque et Archives nationales du Québec et Bibliothèque et Archives Canada

Bienvenu, Sophie

Au sud de mon ventre

(Epizzod)

(K ; épisode 6)

Pour les jeunes de 14 ans et plus.

ISBN 978-2-89651-154-9

I. Salgood, Sam. II. Titre. III. Collection: Epizzod.

PS8603.I357A9 2009 jC843'.6 C2009-941088-5
PS9603.I357A9 2009

Imprimé au Canada

DANS LA MÊME SÉRIE

(k) épisode 1
Princesse dans le caniveau

(k) épisode 2
Le dép' éclaire à des milles à la ronde

(k) épisode 3
Ce genre de fille-là

(k) épisode 4
Mon soldat inconnu

(k) épisode 5
Pourquoi pas ?

(k) épisode 6
Au sud de mon ventre

(k) épisode 7
Des amis et des hommes
parution le 31 août 2009